BEI GRIN MACHT SICH IHR WISSEN BEZAHLT

- Wir veröffentlichen Ihre Hausarbeit, Bachelor- und Masterarbeit

- Ihr eigenes eBook und Buch - weltweit in allen wichtigen Shops

- Verdienen Sie an jedem Verkauf

Jetzt bei www.GRIN.com hochladen und kostenlos publizieren

Bibliografische Information der Deutschen Nationalbibliothek:

Die Deutsche Bibliothek verzeichnet diese Publikation in der Deutschen Nationalbibliografie; detaillierte bibliografische Daten sind im Internet über http://dnb.dnb.de/ abrufbar.

Dieses Werk sowie alle darin enthaltenen einzelnen Beiträge und Abbildungen sind urheberrechtlich geschützt. Jede Verwertung, die nicht ausdrücklich vom Urheberrechtsschutz zugelassen ist, bedarf der vorherigen Zustimmung des Verlages. Das gilt insbesondere für Vervielfältigungen, Bearbeitungen, Übersetzungen, Mikroverfilmungen, Auswertungen durch Datenbanken und für die Einspeicherung und Verarbeitung in elektronische Systeme. Alle Rechte, auch die des auszugsweisen Nachdrucks, der fotomechanischen Wiedergabe (einschließlich Mikrokopie) sowie der Auswertung durch Datenbanken oder ähnliche Einrichtungen, vorbehalten.

Impressum:

Copyright © 2017 GRIN Verlag, Open Publishing GmbH
Druck und Bindung: Books on Demand GmbH, Norderstedt Germany
ISBN: 9783668458338

Dieses Buch bei GRIN:

http://www.grin.com/de/e-book/366955/jesajanische-messiasverheissungen-aus-juedischer-sicht

Joél Overbeck

Jesajanische Messiasverheißungen aus jüdischer Sicht

GRIN Verlag

GRIN - Your knowledge has value

Der GRIN Verlag publiziert seit 1998 wissenschaftliche Arbeiten von Studenten, Hochschullehrern und anderen Akademikern als eBook und gedrucktes Buch. Die Verlagswebsite www.grin.com ist die ideale Plattform zur Veröffentlichung von Hausarbeiten, Abschlussarbeiten, wissenschaftlichen Aufsätzen, Dissertationen und Fachbüchern.

Besuchen Sie uns im Internet:

http://www.grin.com/

http://www.facebook.com/grincom

http://www.twitter.com/grin_com

THEOLOGISCHES SEMINAR BERÖA

JESJANISCHE MESSIASVERHEIßUNGEN

AUS JÜDISCHER SICHT

REFERAT IM FACHBEREICH

JESAJA

VORGELEGT VON

Joél Overbeck

INHALT

1. Einleitung 1
2. Messiasverheißungen 1
   2.1. Wortdefinierung „Messias" 1
   2.2. Allgemeine Messiasverheißungen 3
   2.3. Jesajanische Messiasverheißungen 5
3. Sichtweise/Deutung der jesajanischen Messiasverheißungen 6
   3.1. Jüdische Sichtweise 6
   3.2. Kurze Gegenüberstellung der jüdischen und christlichen Sichtweisen 8

Literaturverzeichnis 11

1. EINLEITUNG

In diesem Referat befasse ich mich mit der jüdischen Sichtweise über die jesajanischen Messiasverheißungen. Dazu gehe ich zunächst darauf ein, was überhaupt unter einer Messiasverheißung verstanden wird und welche Sichtweisen es im frühen Judentum gab. Im Folgenden schauen wir dann konkret, welche Standpunkte, bezüglich eines Messias, zu den Schriften Jesajas vorlagen. Abschließend werde ich eine kurze Gegenüberstellung jüdischer Positionen zu denen christlicher Sichtweisen, über die Verheißungen eines Messias, durchführen.

2. MESSIASVERHEIßUNGEN

2.1. WORTDEFINIERUNG „MESSIAS"

Der Begriff den wir unter „Messias" verstehen und heute allgemein Benutzen ist die gräzisierte Form des aramäischen Wortes, welches auf das hebräische Original [Maschiah], Gesalbter, zurückgeht. Die LXX übersetzt mit [Christos], das in neutestamentlichen Übersetzungen als Eigenname Christus verwendet wird. Die Bezeichnung „der Gesalbte" kommt im Alten Testament fast ausschließlich in syntaktischer Verbindung mit JHWH vor. Wie zum Beispiel: Gesalbter JHWHs oder auch mein, dein und sein Gesalbter. Diese syntaktische Verbindung des Gesalbten zu JHWH bringt dadurch den besonderen Status der von Gott durch Salbung geweihten, geschützten u. bevollmächtigten Person zum Ausdruck. Dieser Titel wird überwiegend dem israelitischen König zugeschrieben und unterstreicht die außerordentliche Rolle und Stellung der Salbung im Krönungsritual seit alter Zeit.[1] Dieses Salbungsritual wurde nach alttestamentlicher Überlieferung durch Vertreter des Volkes[2] oder durch einen Propheten, im Auftrag JHWHs[3], durchgeführt. Die Amtseinsetzung durch Salbung geht dabei auf westsemitisch-kanaanäischen Einfluss zurück, da sich keinerlei Salbung des Königs für Ägypten als auch für Mesopotamien bezeugen lässt. Während man annehmen kann, dass die Könige Jerusalems bei ihrer

---

[1] Z.B. Ri 9,8; 2. Sam 2,4; 1. Kön 1,34+39
[2] 2. Sam 2,4; 5,3; 2. Kön 23,30
[3] 1. Sam 10,1; 16,13; 2. Kön 9,6

Inthronisation, in der Regel von einem Priester[4], gesalbt worden sind, war jedoch der Titel „Messias" niemals Teil der königlichen Amtstitulatur. Der Titel besitzt vielmehr von Anfang an eine theologische Nebenbedeutung. Aus dem Grund der Syntaktischen Verbindung des Gesalbten zu JHWH und vor dem Hintergrund der Jerusalemer Königstheologie gewinnt der Titel „Messias" seine Bedeutung als Träger religiöser Heilserwartung. Von dem sogenannten „Gesalbten JHWHs" reden vornehmlich 1. u. 2. Samuel und die Psalmen. Prophetien meiden wiederum die Bezeichnung, nur Deutero-Jesaja überträgt im Exil diesen Ehrentitel auf den Perser Kyros.[5] [Maschiah] bzw. Gesalbter kann man jedoch auch als eine „Bevollmächtigte" Person verstehen, die zur Leitung Israels nach JHWHs Willen Eingesetzt wird. Der König steht biblisch immer unter Gott. Deshalb konnte nach dem Untergang des Königtums auch ein fremder Großherrscher, der Perserkönig Kyros, von Deutero-Jesaja als [Maschiah], also Vollstrecker des Willens Gottes für Israel, bezeichnet werden. Nach dem Ende der Monarchie erbte der Hohepriester diesen Titel.[6] In Ps 105,15 und parallel 1. Chr 16,22 werden Die Patriarchen singulär[7] zu „Gesalbten JHWHs" ernannt. Für das weitere Verständnis der alttestamentlichen Messiaserwartung, sollten folgende drei Besonderheiten beachtet werden:

1. Der Begriff Messias taucht in den klassischen Belegstellen für die Messiaserwartung niemals auf und wird erst in frühjüdischer Zeit außerhalb des Alten Testaments zum terminus technicus[8]. Durch diese Diskrepanz wird eine Unsicherheit in den alttestamentlichen Vorstellungen vom Messias gebracht, welche sich im Streit um den Inhalt der Messiaserwartung, um die Belegstellen, deren zeitliche Einordnung und deren Zusammenhang widerspiegelt.
2. Für die Belegstellen der Messiaserwartungen, welche sich im Laufe der Tradition herausgebildeten, betont die historisch-kritische Exegese eine Eigenaussage, welche teilweise in Widersprüchlichkeit zu deren nach-alttestamentlichen Interpretation und Rezeption zum Frühjudentum und Neuen Testament steht.

---

[4] 1. Kön 1,39; 2. Kön 11,12
[5] Jesaja 45,1
[6] Levitikus 4
[7] Einzigartig, nur vereinzelt auftretend
[8] Fachausdruck

3. Die messianischen Verheißungen sind ein Teil der vielfältigen alttestamentlichen Heilserwartungen und müssen im Zusammenhang mit diesem Kontext gesehen und theologisch gewichtet werden. Diese sind zum Beispiel, um kurz darauf einzugehen: der neue Exodus, ein neuer Bund und eine neue Schöpfung, die Völkerwallfahrt nach Zion, Hoffnung auf Durchsetzung der königlichen Herrschaft Gottes und so weiter.

2.2. ALLGEMEINE MESSIASVERHEIßUNGEN

Zunächst ist festzuhalten, dass sich im Laufe der jüdischen Geschichte, mehr als nur eine Vorstellung über einen sogenannten Messias gebildet hat und es viele verschiedene Strömungen solcher Vorstellungen und Textauslegungen zur Heiligen Schrift, über die gesamte Zeit des jüdischen Volkes gab und noch immer gibt und Messiasverheißungen somit nur schwer zu konkretisieren sind. Um uns der Deutung Jesajas Schriften aus Sicht der Juden im Bezug auf einer Messiasgestalt nähern zu können ist es schlau sich einen Überblick über die allgemeinen Erwartungen eines Messias im Laufe der jüdischen Geschichte anzuschauen.

Im Frühjudentum werden nach den im 2. Samuel formulierten Erwartungen, an ein ewiges davidisches Königtum[9], beziehungsweise an dessen Wiederherstellung nach dem babylonischen Exil, die ersten Entwürfe zu einer charismatischen, von der konkreten Königsherrschaft gelösten Rettergestalt aus Proto Jesaja[10], sowie die erste Erwähnung einer endzeitlichen Priesterfigur aus Sacharja[11] aufgegriffen und, wie bereits erwähnt, zu sehr unterschiedlich akzentuierten Messiaserwartungen geformt. Gemeinsam verfolgen die Erwartungen der Hoffnung auf eine charismatische endzeitliche Befreiergestalt, die in den allermeisten Fällen, als aus dem Hause Davids stammend erhofft wird. Die Vielfalt von messianischen Konzeptionen und Gestalten ist vor allem für Apogryphische und Pseudepigraphische sowie die aus den Qumran stammenden Schriften charakteristisch. Diese Konzeptionen beziehen sich überwiegend auf konkrete historische Situationen und sind somit auf Ereignisse, wie zum Beispiel den Makkabäeraufständen oder der römischen Herrschaft zurückzuführen. Deshalb thematisieren sie auch hauptsächlich nur politische Ziele, selbst wenn die

---

[9] 2. Sam 7,12-29
[10] Jes 9, 1-6; 11, 1-9
[11] Sach 6, 9-15

entworfenen Figuren wie etwa die messianische Vorstellung der Gestalt des endzeitlichen Herrschers alias „Weißer Stier" in der Vision von den 70 Hirten des 1. Henoch[12] politisch nicht aktiv werden. Folgend gehören auch die Psalmen Salomos[13] in diesen Zusammenhang, in welchen die Hoffnung auf eine Restauration der politischen Verhältnisse und die Wiedererrichtung des davidischen Königtums zum Ausdruck kommt.

In späteren apokalyptischen Schriften steht der sogenannte „Messias ben David" im Vordergrund. So finden wir diese Vorstellung auch im 4. Buch Esra, wobei hier der Wunsch nach einer politischen Änderung auf eine begrenzte messianische Epoche beschränkt und nach deren Ablauf eigentlich erst der Beginn der Heilszeit eingeleitet wird.[14]

Betrachten wir die in der Qumranischen Literatur enthaltenen wesentlichen messianischen Entwürfe, so sind diese nicht homogen und kaum, wenn nicht sogar zu sagen, gar nicht, chronologisch geordnet. So gibt es in diesen Schriften Zeugnisse für die Erwartung eines Messias Aarons und Israels[15] sowie auch für eine gleichzeitige Erwartung eines Nachkommen Davids[16] aber auch für die eines eschatologischen Hohepriesters aus dem Stamme Aarons[17] und das kommen eines endzeitlichen Propheten[18] oder aber eines Richters[19]. Dabei sind die priesterlichen Elemente der Messiasvorstellung, der Qumrangemeinde, besonders stark akzentuiert.

Wie bestimmend tatsächlich messianische Erwartungen im 1. sowie in der ersten Hälfte des 2. Jahrhunderts nach Christus waren, zeigt sich darüber hinaus an dem formierenden politischen Widerstand, mit einem häufig aufweisenden messianischen Kontext[20], der sich zu Beginn der römischen Besetzung Palästinas - 63 vor Christus – formierte. So ist zum Beispiel die Bewegung der Zeloten gegen Rom durch eine deutliche messianische Komponente gekennzeichnet. Die Zelotischen Führer Simon bar Giora[21] und Menahem ben Jehuda[22] treten selbst als

---

[12] 1. Hen 90,37
[13] Ps 17; Ps 18 – Salomoschriften: II.
[14] 2. Bar 29 (Baruchschriften)
[15] CD 19,10
[16] 4. QMidrEschat III 10-13; 4. QComGen V
[17] CD 7,18-21; 1. QSb
[18] 1. QS IX 11
[19] 4. Q161 [4. QpJes] frgm. 8-10
[20] Flavius Josephus Bell. II 57-65
[21] Bell. IV 575; VII 29
[22] Bell. II 444

Messiasprätendenten[23] auf um selber die Messiasverheißungen zu erfüllen und macht ausüben zu können.

In der rabbinischen Epoche treten hingegen konkrete politische Hoffnungen im messianischen Gedankengut zurück. Die Spannbreite der messianischen Ideen zeigt sich einerseits an der stark anthropozentrischen[24] Weltbild basierenden Vorstellung, dass Israel aktiv, durch zum Beispiel das Einhalten der Gebote, den Beginn der Messianischen Zeit beeinflussen kann[25], wie auch an der Entwicklung des Konzeptes von einem kriegerischen Messias[26] beziehungsweise eines leidenden Messias alias „ben Ephraim/Josef"[27], welcher im endzeitlichen Entscheidungskampf sterben wird und dem eigentlichen „Messias ben David" nur wegbereitend ist. Weiterhin entwickelten sich viele verschiedene Messiaserwartungen über die Geschichte und es traten viele Messiasprätendenten auf.

2.3. JESAJANISCHE MESSIASVERHEIßUNGEN

Israels Propheten kündeten angesichts des nahen Endes des Königtums 722 und 586 vor Christus nicht einfach dessen künftige ideale Erneuerung an, sondern eine endzeitliche Rettergestalt, deren Kommen alles verändern werde. Dieser Heilsbringer ist für sie auch ein von Gott erwählter Mensch, bringt aber im Gegensatz zu allen historischen Führungspersonen eine radikale Wende zum „Schalom" also Frieden, Heil und Wohl für alle. Seine Aufgabe ist nicht vorübergehend, befristet und widerrufsfähig, sondern endgültig und ewig. Wohl deshalb vermieden die Propheten, diese Gestalt als Maschiah zu bezeichnen. Als Weissagungen eines endzeitlichen Heilsbringers gelten folgende Stellen aus den Propheten:

Micha 5,1-5; Hosea 2,2+3; Jeremia 23,5+6; Ezechiel 34,23+24 und 37,22-28; Haggai 2,22+23; Sacharja 3,8-10; 6,12 und 9,9+10 und natürlich die Stellen von Jesaja die wir in diesem Referat näher betrachten werden: Jesaja 9,1-6 beziehungsweise sehen viele den Beginn dieser Verheißung auch schon ab Jesaja 8, 23 und die Verheißung aus Jesaja 11, 1-10.

Sehr umstritten wird ob die Weissagung des Immanuel „Gott mit uns" aus Jesaja

---
[23] Jemand der ein Recht bzw. Amt für sich in Anspruch nimmt
[24] Stellt den Menschen und seine Bedürfnisse in den Mittelpunkt
[25] JTaan 1,1 [63d]
[26] bSuk 52a
[27] bSan 98b; PesR 34, 36-37

14-25, sowie die vier sogenannten Gottesknechtslieder aus Deutero-Jesaja: Jesaja 42,1-4; 49,1-6; 50,4-9 und 52,13-53,12 auf den Retter und Richter der Endzeit zu beziehen sind.

Ob die Gottesknechtslieder nun von Deutero-Jesaja stammen oder aber auch nicht sei in diesem Vortrag nicht näher erläutert, was jedoch klar ersichtlich ist, ist das die Gottesknechtslieder nicht auf den erhofften Messias, sondern auf Israel zu deuten sind. Nehmen wir uns das Gottesknechtslied aus Jesaja 52+53 heraus folgt dieses dem Thema aus dem gesamten Kapitel 52, welches das Exil und die Erlösung der Juden beschreibt. Die Prophezeiungen sind im Singular geschrieben, da die Juden bzw. Israel als eine Einheit betrachtet werden. Überall in der jüdischen Schrift wird Israel im Singular als „Diener Gottes" genannt: Zum Vergleich auch Jesaja 43:8. Tatsächlich sagt Deutero-Jesaja in den vorherigen Kapiteln zu 53 nicht weniger als 11 Mal, dass Israel der Diener Gottes ist. Jesaja 53 bezieht sich somit klar auf das jüdische Volk, welches von den Händen der Nationen dieser Welt verletzt, zerstört und wie die Schafe zur Schlachtbank geführt werden. Diese Beschreibungen wurden in den jüdischen Schriften benutzt, um bildlich das Leiden des jüdischen Volkes zu beschreiben: zum Vergleich auch Psalm 44. Jesaja 53 schlussfolgert, dass, wenn die Juden erlöst sind, die Nationen der Welt die Verantwortung für das übermäßige Leiden und Sterben der Juden erkennen und akzeptieren werden.

3. SICHTWEISE/DEUTUNG DER JESAJANISCHEN MESSIASVERHEIßUNGEN

3.1. JÜDISCHE SICHTWEISE

Schauen wir uns nun die zwei Stellen der Messiasverheißungen aus den jesajanischen Schriften nach jüdischer Sichtweise genauer an.

Die Jesajaschrift Jesaja 8,23-9,6 gilt als erste echte messianische Weissagung. Der Schriftprophet Jesaja verkündet sie um 730 v. Chr. als Freudenbotschaft an das von den Assyrern unterdrückte Volk Israel. Er verspricht ein baldiges Ende der Unterdrückung wie am Tag Midians[28], darüber hinaus ein Ende aller Gewaltherrschaft. Grund dafür sei die Geburt eines Kindes, das JHWH zum künftigen Herrscher auf Davids Thron bestimmt habe. Jesaja legt ihm

---

[28] Ri 7

Thronnamen bei, die in Israel nicht für irdische Könige üblich, sondern Gott selbst vorbehalten waren. Die Jesajaschrift Jesaja 11,1-10 führt die auf das Gottesrecht gestützte Regentschaft des Gottgesandten aus: Er werde aus dem Stumpf Isais hervorgehen [29]. Da auf diesem „Spross" Gottes Geist ruhe, werde er alle Königstugenden wie Weisheit, Einsicht, Entschlusskraft, Erkenntnis und Gottesfurcht vereinen [30]. Diese würden ihn befähigen, ohne Rücksicht auf Augenschein und Gerücht die Armen gerecht zu richten, die Gewalttäter aber zu schlagen: allein mit dem Stab[31] seines Mundes, also mit dem Richtspruch selbst[32]. Diese Gerechtigkeit werde die ganze Schöpfung verwandeln und den Fluch von Gen 3 aufheben: Wölfe und Schafe, Kinder und Giftschlangen leben einträchtig zusammen [33]. Die ganze Erde werde Gott erkennen, so dass niemand mehr Unrecht tut[34]. Der Regent werde als Zeichen dastehen, das die Völker bewege, nach Gott zu fragen[35].

Allem Anschein nach sind diese beiden einschlägigen Heilsworte Jesajas, Jes 9,1-6 bzw. Jes 8,23-9,6 und Jes 11,1-9 zur Zeit des babylonischen Exils zu datieren. Sie sind mit Jes 7,10-17 zusammen zu lesen. »So ergibt sich« - nach E. Zenger[36] - »eine Art 'messianisches Triptychon[37]', dessen erstes Bild die Verheißung der Geburt eines neuen Königtums[38], dessen Mittelbild die Geburt selbst[39] und dessen drittes Bild die Herrschaftsausübung[40] der neuen Dynastie beschreibt, die nicht mehr mit den Fehlern des vorexilischen Königshauses behaftet sein wird«. Der Heilskönig der Endzeit wird in Jes 9,1-6 passiv dargestellt: Es ist aber JHWH selbst, der die Finsternis vertreibt, es ist Jahwe selbst, welcher der Unterdrückung Israels durch die Fremdmacht Babel, ja anscheinend jeglicher kriegerischeren Aktivität ein Ende bereitet[41]. Der messianische König, dessen Geburt und

---

[29] V.1
[30] V.2
[31] Zepter
[32] V.4
[33] V.6-8
[34] V.9
[35] V.10
[36] Jesus von Nazareth 58
[37] Drei Einzelteile die zusammen ein Ganzes bilden
[38] Jes 7,10-17
[39] Jes 9,1-6
[40] Jes 11,1-9
[41] V.3-4

Benennung mit vier Würdenamen zunächst proklamiert werden[42], hat dann nur noch den von Jahwe selbst geschaffenen äußeren Frieden, Israels Befreiung durch Wahrung und Festigung des inneren Friedens in seinem Reich zu vollenden[43], wobei auch seine Tätigkeit wie das Übrige durch den leidenschaftlichen Eifer Jahwes erst ermöglicht wird[44]. In Jes 11,1-9 spielt der Heilskönig - innerhalb des Jes 9,5-6 abgesteckten Rahmens - eine etwas aktivere Rolle: »Was 9,5-6 nur als Regierungsprogramm andeutet« - so Zenger[45] - »wird in Jes 11,1-9 breit und hymnisch entfaltet. Die Macht dieses Königtums muss sich nicht mehr im Niederschlagen feindlicher Völker erweisen, sondern in der vom messianischen Königtum geleisteten Entfaltung des brüderlichen Zusammenlebens. Anders als dem historischen Königtum gelingt es diesem messianischen Königtum, das Recht JHWHs für alle durchzusetzen. Das Ende der Gewalt ist so absolut, dass kein Lebewesen mehr ein anderes bedroht oder gar auf seine Kosten leben muss. Der endzeitliche Friede der Tiere[46] ist, so kann man sagen, in Wirklichkeit die Hoffnung, dass die Herrschaft JHWHs unsere Welt verwandelt in eine Welt umfassenden Friedens[47].

3.2. KURZE GEGENÜBERSTELLUNG DER JÜDISCHEN UND CHRISTLICHEN SICHTWEISEN

Wo es mir vor Erarbeitung des Referats zunächst sehr unverständlich war, wieso Juden nicht aus den Schriften Jesajas erkennen, dass Jesus Christus der dort verheißene Messias ist, ist mir nun klar, dass wir Christen nicht in jeden Vers vorschnell Dinge hineindeuten sollten, die dort womöglich doch nicht mit gemeint waren.

Da es eindeutig den Ramen der Zeit sprengen würde mehrere Sichtweisen zu Messiasverheißungen jüdischer und christlicher Sichtweisen jetzt gegenüberzustellen, werde ich ein Beispiel erläutern, um die Diskrepanzen zwischen den verschiedenen Sichtweisen aufzuzeigen.

Schauen wir uns die sogenannte Jungfrauengeburt aus Jesaja 7,14 näher an:

„14 Darum wird der Herr selbst euch ein Zeichen geben: Siehe, die Jungfrau[48]

---

[42] V.5
[43] V.6a
[44] V.6b
[45] Jesus von Nazareth 59
[46] Jes 11,6-8
[47] Jesus von Nazareth 59+60
[48] Oder: junge Frau

wird schwanger werden und[49] einen Sohn gebären und wird seinen Namen Immanuel[50] nennen."
Die Übersetzung »Jungfrau« stammt von dem griechischen „parqenoz". Dieses Wort findet sich in der LXX. Das hebräische Wort ist „alma" und bedeutet »junge Frau«. Christliche Interpreten deuteten den Begriff traditionell als »Jungfrau«. Rabbinische Kommentatoren haben wiederholt und nachdrücklich widersprochen.

Obwohl also das Wort alma aus jüdischer Sicht »junge Frau« bedeutet, nicht »Jungfrau«, konnten die Rabbinen es im Midrasch als »Jungfrau« verstehen, wenn sie es wollten. Die Tatsache, dass sie dies nicht bei der Jesajastelle taten, liegt eindeutig daran, dass das Christentum diese Interpretation gewählt hatte. Dieser Fall ist beispielhaft für die bewusst unterschiedliche Auslegung eines Textes durch die rabbinische und die christliche Tradition. Eine andere umstrittene Übersetzung in Jesaja 7,14 betrifft das Wort „hara", das einige christliche Übersetzungen, wie etwa die Elberfelder Übersetzung mit »wird schwanger werden« wiedergeben. Rabbinische Kommentatoren weisen darauf hin, dass das Verb in der Vergangenheitsform steht und daher »ist schwanger« bedeuten muss, wie auch die Elberfelder Übersetzung vermerkt. So kann die Übersetzung im Ganzen wie folgt lauten und auch die Elberfelder merkt dies so an: „Siehe, die junge Frau ist schwanger und wird einen Sohn gebären und wird seinen Namen Immanuel nennen."
Der Zusammenhang des Jesajaverses ist folgender: König Ahas von Juda wird durch ein Bündnis des Königs Rezin von Aram aus Syrien und des Königs Pekach aus dem Nordreich Israel bedroht. JHWH spricht zu Ahas und fragt ihn, ob er ein Zeichen haben wolle über das, was geschehen wird, doch Ahas lehnt dies ab. Daher meldet der Prophet dem König, JHWH werde ihm ungefragt ein Zeichen geben: Ein Junge werde geboren werden, und bevor er alt genug sei, um den Unterschied zwischen Gut und Böse zu kennen, würden die beiden Könige und ihre Reiche, die ihn nun bedrohen, angesichts der gewaltigen Macht der Assyrer gering sein.[51] Doch wir Christen assoziieren zunächst den Zusammenhang mit dem Text in Matthäus 1,22—23, der die Geburt Jesu beschreibt: „22 Dies alles geschah aber, damit erfüllt würde, was von dem Herrn geredet ist durch den Propheten, der spricht: 23 Siehe, die Jungfrau wird schwanger sein und einen Sohn gebären, und

---

[49] Oder: ist schwanger
[50] Gott mit uns
[51] V.16

sie werden seinen Namen Emmanuel nennen, was übersetzt ist: Gott mit uns."
Matthäus' Verwendung des Zitats ist allerdings subtiler[52], als es auf Anhieb scheint. Oberflächlich betrachtet stellt Matthäus lediglich fest, dass Jesaja die Geburt Jesu bereits vorhergesagt habe, einschließlich des Wunders der jungfräulichen Empfängnis. Matthäus kannte Jesaja vermutlich nur in der Septuaginta Fassung mit ihrer Verwendung des Wortes „partenos". Doch vermutlich hatte er nicht nur das Wunder von Marias Empfängnis im Sinn, sondern auch den Zusammenhang des Jesajatextes. Ahas sucht Verbündete, die ihn im Kampf gegen seine beiden Feinde unterstützen. Jesaja sagt, er solle dafür nicht nach Assyrien schauen, sondern zu einem Kind, das geboren werde. Es wäre unsinnig, käme das Kind in einer weit entfernten Zukunft zur Welt. Eher liefert der Jesajatext ein Beispiel für einen kindlichen Retter, dessen Geburt ein Zeichen Gottes darstellt. So wie ein kleines Kind wehrlos ist und seinen Eltern vertrauen muss, so darf Ahas sein Vertrauen nicht auf Waffen setzen, sondern auf Gott. Matthäus formuliert eine ähnliche Botschaft für seine eigene Zeit, in der sich die Menschen durch Rom bedroht fühlten: Nicht durch Armeen werdet ihr Rettung finden, sondern durch ein unschuldiges Kind, durch Jesus Christus.

Er verwendete den Jesajatext also als eine Veranschaulichung für die Juden, die diesen kannten, um aufzuzeigen, dass Jesus Christus der Retter für sie sei.

4. ZUSAMMENFASSUNG

Zusammenfassend lässt sich festhalten, dass es viele verschiedene Sichtweisen von Messiasverheißungen aus der jüdischen Sicht gibt und nicht eine feste Dogmatik. So hat sich die Idee eines Messias über die Generationen der Juden fortwährend geändert und entwickelt. Außerdem wurden die Schriften Jesajas über die Geschichte hinweg oft falsch interpretiert und ausgelegt. Auch heute noch sind einzelne Juden wie Christen großer unterschiedlicher Meinung über die Vorstellung eines Messias nach Jesajanischer Vorstellung.

---

[52] Feiner

LITERATURVERZEICHNIS

Elberfelder Bibel (2006): Erneut durchgesehene Ausgabe der revidierten Elberfelder Bibel unter Berücksichtigung der neuen Rechtschreibung. Wuppertal/Dillenburg: R. Brockhaus/Christliche Verlagsgesellschaft.

Auffarth, Christoph (2005): *Messias/Messianismus – I. Religionsgeschichtlich.* In: RGG^5. Band 8. Betz, Hans Dieter et al (Hrsg.). Vierte, völlig neu bearbeitete Auflage. Tübingen: Mohr Siebeck.

Becker, Joachim (1977): *Messiaserwartung im Alten Testament.* Stuttgart: Verlag katholisches Bibelwerk.

Fleischmann, Lea (1994): *Schabbat – Das Judentum für Nichtjuden verständlich gemacht.* (S. 77-99) Hamburg: Rasch und Röhring.

Hilton, Michael (Abgerufen 02.05.2017): *Jüdische Auslegungen und Positionen.* http://juden.judentum.org/judenmission/jesaja-2.htm.

Link, Christian (2005): *Messias/Messianismus – V. Dogmatisch.* In: RGG^5. Band 8. Betz, Hans Dieter et al (Hrsg.). Vierte, völlig neu bearbeitete Auflage. Tübingen: Mohr Siebeck.

Liss, Hanna (2008): *Tanach Lehrbuch der jüdischen Bibel.* 2. aktualisierte und überarbeitete Auflage. Heidelberg: Universitätsverlag Winter.

Maier, Johann (2005): *Jüdische Geschichte in Daten.* Originalausgabe. München: C.H. Beck Verlag.

Mohn, Gerd (1979): *Christen und Juden – Zur Studie des Rates der Evangelischen Kirche in Deutschland.* (S. 114-120) Gütersloh: Gütersloher Verlagshaus.

Ruppert, Lothar (1984): *Die alttestamentlich-jüdischen Messiaserwartungen in ihrer Bedeutung für Jesus und seine Zeit.* Aus: Münchener theologische

Zeitschrift. 35. Jahrgang. Heft 1. Bochum: EOS Verlag Erzabtei St. Ottilien.

Schubert, Kurt (1992): *Die Religion des Judentums.* (S.74-96) Leipzig: Benno-Verl.

Schunk, Klaus-Dietrich (1990): *Der Auftrag des eschatologischen Messias. Kontinuität und Veränderung im prophetischen Messiasbild des Alten Testaments.* In: Wallis, Gerhard (Hg.): Erfüllung und Erwartung. Studien zur Prophetie auf dem Weg vom Alten zum Neuen Testament. Berlin: Evangelische Verlagsanstalt.

Strack, Hermann L. / Billerbeck, Paul (1974): *Das Evangelium nach Markus, Lukas und Johannes und die Apostelgeschichte erläutert aus Talmud und Midrasch.* In: Strack, Hermann L. / Billerbeck, Paul: Kommentar zum Neuen Testament aus Talmud und Midrasch. Zweiter Band. Sechste, unverändert Auflage. München: C.H. Beck'sche Verlagsbuchhandlung.

Wandrey, Irina (2005): *Messias/Messianismus – III. Judentum.* In: RGG[5]. Band 8. Betz, Hans Dieter et al (Hrsg.). Vierte, völlig neu bearbeitete Auflage. Tübingen: Mohr Siebeck.

Waschke, Ernst-Joachim (2005): *Messias/Messianismus – II. Altes Testament.* In: RGG[5]. Band 8. Betz, Hans Dieter et al (Hrsg.). Vierte, völlig neu bearbeitete Auflage. Tübingen: Mohr Siebeck.

BEI GRIN MACHT SICH IHR WISSEN BEZAHLT

- Wir veröffentlichen Ihre Hausarbeit, Bachelor- und Masterarbeit

- Ihr eigenes eBook und Buch - weltweit in allen wichtigen Shops

- Verdienen Sie an jedem Verkauf

Jetzt bei www.GRIN.com hochladen und kostenlos publizieren